BEI GRIN MACHT SICH IHR WISSEN BEZAHLT

- Wir veröffentlichen Ihre Hausarbeit, Bachelor- und Masterarbeit

- Ihr eigenes eBook und Buch - weltweit in allen wichtigen Shops

- Verdienen Sie an jedem Verkauf

Jetzt bei www.GRIN.com hochladen und kostenlos publizieren

Frauendienst im "Rosengarten zu Worms" und im "Eckenlied"

Greta Gamba

GRIN ☺

Bibliografische Information der Deutschen Nationalbibliothek:

Die Deutsche Nationalbibliothek verzeichnet diese Publikation in der Deutschen Nationalbibliografie; detaillierte bibliografische Daten sind im Internet über http://dnb.d-nb.de abrufbar.

ISBN: 9783389031353
Dieses Buch ist auch als E-Book erhältlich.

© GRIN Publishing GmbH
Trappentreustraße 1
80339 München

Druck und Bindung: Books on Demand GmbH, Norderstedt Germany
Gedruckt auf säurefreiem Papier aus verantwortungsvollen Quellen

Das Buch bei GRIN: https://www.grin.com/document/1478375

Frauendienst im *Rosengarten zu Worms* und im *Eckenlied*

Inhaltsverzeichnis

1. Einleitung

Der *Rosengarten zu Worms*, eine mittelalterliche Heldendichtung, die die Reihenkämpfe zwischen den Berner Helden unter der Führung von Dietrich von Bern und den Recken aus Worms behandelt, beginnt mit dem Wunsch Kriemhildes, die Kampfkraft Dietrichs mit der von Siegfried zu messen:

> Do wart ir von dem Berner wonders vil geseyt.
>
> Sie gedacht ir manch list, die keyserlich meyt,
>
> wie sie sammen brecht die zwen kunen man [Dietrich und Sigfried], durch das man sehe, von
>
> welchem das beste wurde gethon (Ro A 4).

Auch im *Eckenlied*, einer mittelhochdeutschen Heldendichtung, die von dem Kampf zwischen Dietrich von Bern und dem Riesen Ecke sowie seinen Gefährten erzählt, ist die höchstrangige Königin auf Dietrichs Kampfkraft aufmerksam geworden und wünscht, ihn persönlich zu treffen:

> «Owe, das ich in nie gesach!   wer ist der Bernare,
>
> dem nu so hohes lobes giht   vil mening helt vermessen?
>
> Ob in min got vergessen   und mus och gar unsalig sin.
>
> sol ich den helt niht schowen,   min vroed ist gar da hin. (E$_2$ 17)

In beiden Werken werden die Kämpfe und Heldentaten des Berners von Frauen initiiert, die seine Kampffähigkeiten herausfordern. Obwohl Dietrich von Bern selbst nur begrenzt in Bezug auf Frauen agiert, zeigt er sich unter bestimmten Umständen bereit, den Frauendienst zu leisten.[1] Frauendienst, auch bekannt als Minnedienst, ist ein Konzept der mittelalterlichen höfischen Literatur, das die Liebesdienste eines Ritters für eine hochgestellte Dame beschreibt, einschließlich Verehrung, Treue und ritterlicher Tugenden wie Anstand und Höflichkeit.[2] Die aventiurehafte Dietrichepik sowie das Konzept des Frauendienstes sind bedeutende Themen in der mittelalterlichen Literatur, die Einblicke in die Werte und Ideale der damaligen Gesellschaft bieten, deshalb sind die Texte *Eckenlied* sowie des *Rosengartens zu Worms*, welche sich beide der aventiurehafte Dietrichepik zuordnen lassen, Gegenstand dieser Seminararbeit. Während das *Eckenlied* eindeutig zur aventiurehaften Dietrichepik gehört,[3] wird der *Rosengarten zu Worms* in der Forschung uneinheitlich eingeordnet.[4] Die Fassung A des *Rosengartens* konzentriert sich auf Reihenkämpfe zwischen den Berner Helden und den Recken aus Worms, während das *Eckenlied* E$_2$ von Dietrichs Kampf gegen den Riesen Ecke und dessen Verwandtschaft erzählt.

---

[1] Helmut de Boor: Die deutsche Literatur im späten Mittelalter. Teil I: 1250-1350. In: Helmut de Boor / Richard Newald (Hgg.): Geschichte der deutschen Literatur von den Anfängen bis zur Gegenwart, Bd. 3. München⁴ 1973, S.125f.

[2] Vgl. [o.V.]: „Minne, 2. Literaturgeschichte". In: Lexikon des Mittelalters, 10 vols (Stuttgart [1977]-1999), vol. 6, cols 640-641, in Brepolis Medieval Encyclopaedias - Lexikon des Mittelalters Online).

[3] Vgl. Joachim Heinzle: Einführung in die mitteldeutsche Dietrichepik. Berlin / New York 1999, S. 169-171.

[4] Vgl. Ebd.; Francis B. Brévart: Der Männerverglich im Eckenlied. In: Zeitschriften für deutsche Philologie, Bd. 103. (1984), S. 394-406, S. 312f; Roswitha Wisniewski: Mittelalterliche Dietrich-Dichtung. Stuttgart 1986, S. 245-247.

Die Seminararbeit widmet sich der vergleichenden Analyse der Handlungen und Motivationen der Figuren bezüglich des Frauendienstes im *Rosengarten zu Worms* und im *Eckenlied* und geht dabei der Frage nach, ob der Frauendienst in beiden Werken im traditionellen Sinne, wie er in der höfischen Literatur vorkommt, interpretiert werden kann. Dabei sollen nicht nur die Unterschiede, sondern auch die Gemeinsamkeiten in den literarischen Darstellungen herausgearbeitet werden. Die Forschung ist uneinig darüber, ob Dietrich im Sinne des Frauendienstes handelt,[5] was die Notwendigkeit einer genauen Untersuchung dieses Themas in beiden Werken unterstreicht. Die Seminararbeit beginnt mit einer einführenden Erläuterung der Heldendichtung und einer Vorstellung der beiden relevanten Werke für die Untersuchung. Anschließend erfolgt eine detaillierte Analyse des Frauendienstes im *Rosengarten zu Worms* und im *Eckenlied*, wobei ein Vergleich zwischen beiden Werken gezogen wird. Um den Untersuchungsrahmen einzuhalten, wird die Analyse auf ausgewählte Personen beschränkt bleiben. Abschließend werden die Erkenntnisse zusammengefasst und ein Fazit gezogen.

2. Aventiurehafte Dietrichepik

Die Forschung unterscheidet zwei Gruppen der Heldendichtung um die Figur des Dietrich von Bern. Zum einem die historische Dietrichepik, die auf älteren Legenden über Theoderich den Großen basieren. Sie werden in den kulturellen Kontext des hohen Mittelalters eingebettet und umfassen Werke wie *Dietrichs Flucht*, die *Rabenschlacht* und *Alpharts Tod*.[6] Zum anderen die aventiurehafte Dietrichepik. Die aventiurehafte Dietrichepik umfasst eine literarische Gattung des Mittelalters, die sich hauptsächlich mit den Abenteuern von Dietrich von Bern beschäftigt, darunter Kämpfe gegen Zwerge, Riesen und andere Helden. Der mittelhochdeutschen Begriff *aventiure* bedeutet *gewagtes Unternehmen, Wagnis*. Der Begriff hebt die affinitäre Struktur und Thematik dieser Werke zum höfischen Aventiure-Roman hervor, indem sie Abenteuer und riskante Handlungen betont.[7] Demgegenüber wird die alternative Bezeichnung *märchenhafte Dietrichepik* abgelehnt, da sie primär die übernatürlichen Elemente in diesen Erzählungen akzentuiert und dadurch essenzielle Verknüpfungen verschleiert. Zudem führt sie durch den Verweis auf das Genre des Märchens zu einer irreführenden Typologisierung, da die aventiurehafte Dietrichepik eher dem höfischen Epos als dem Märchen zugeordnet wird.[8]

2.1 *Rosengarten zu Worms* – Fassung A

Ein besonderes Werk innerhalb der aventiurehafte Dietrichepik ist der *Rosengarten zu Worms*, der ab dem frühen 14. Jahrhundert bis etwa 1500 überliefert wurde, wobei der Verfasser anonym blieb. Mit 21 Handschriften und sechs Ausgaben des gedruckten Heldenbuchs existieren verschiedene Versionen

---

[5] Vgl. Sonja Kerth: Gattungsinterferenzen in der späten Heldendichtung. Wiesbaden 2008, S. 193f.; Francis B. Brévart: won mich hant vrouwan usgesant. Des Helden Ausfahrt im Eckenlied. In: Archiv 220 (1983), S. 268-284, S. 279; Judith Klinger: Krimhilds Rosen. Aushandlung von Gewalt und Geschlecht im „Rosengarten zu Worms". In: Johannes Keller / Hermann Reichert / Florian Kragl (Hgg.): Heldinnen. 10. Pöchlarner Heldenliedgespräch (=Philologica Germanica 31). Wien 2010, S. 71-92., S. 77.
[6] Vgl. Heinzle: Einführung in die mitteldeutsche Dietrichepik, S. 1f., 58.
[7] Vgl. Ebd., S. 33.
[8] Vgl. Ebd.

des *Rosengartens*.[9] Die Seminararbeit richtete ihren Fokus auf die Fassung A. In dieser Version finden Reihenkämpfe zwischen den Berner Helden unter der Führung von Dietrich und den Recken aus Worms statt, darunter Siegfried, der Verlobte von Kriemhild und keine Kämpfe gegen übernatürliche Wesen wie Drachen oder Zwerge.[10] Die aventiurehafte Dietrichepik hat ihre Wurzeln in einer mündlichen Überlieferung, was durch die Vielfalt der Versionen des *Rosengartens* bestätigt wird. Daher wird angenommen, dass diese Texte eine wichtige und verbreitete Form der Unterhaltung waren, was den Fokus auf das Handeln der Figuren legt.[11] Die Einordnung des *Rosengartens zu Worms* innerhalb der Forschung ist umstritten. Während Joachim Heinzle ihn der aventiurehaften Dichtung zuordnet,[12] argumentieren Francis Brévart und Roswitha Wisniewski für eine Sonderstellung basierend auf seiner Verknüpfung mit dem gotischen und rheinisch-nibelungischen Sagenkreis sowie der Konfrontation zwischen Siegfried und Dietrich im Kampf.[13]

2.2 Das *Eckenlied* – Fassung E$_2$

Eine weitere mittelhochdeutsche Heldendichtung aus der Gattung der aventiurehaften Dietrichsepik ist das *Eckenlied*. Die im Bernerton verfasste Heldendichtung wurde von einem unbekannten Dichter verfasst und umfasst etwa 300 Strophen. Diese Dichtung, die vor der Mitte des 13. Jahrhunderts entstand, wurde in verschiedenen Versionen überliefert, darunter sieben Handschriften und mindestens elf Drucke von der ersten Hälfte des 13. Jahrhunderts bis zum Ende des 16. Jahrhunderts. Inhaltlich wird erzählt, wie Dietrich von Bern im Waldgebirge Südtirols den jungen Riesen Ecke besiegt, der ihn herausgefordert hatte und daraufhin eine Reihe von Kämpfen gegen Eckes wilde Verwandtschaft besteht.[14]

3. Frauendienst

Frauendienst bzw. Minnedienst ist ein Begriff aus der mittelalterlichen Literatur, insbesondere der höfischen Dichtung, der die Liebesdienste eines Ritters für eine hochgestellte Dame beschreibt.[15] Es bezieht sich auf die Idee des höfischen Dienstes, bei dem ein Ritter seiner Dame in verschiedenen Formen der Verehrung und Treue dient, oft in Verbindung mit höfischen Tugenden wie Anstand, Höflichkeit und Ritterlichkeit. Minnedienst kann sich in verschiedenen Ausdrucksformen zeigen, darunter lyrische Liebesgedichte (Minnesang), romantische Gesten und Taten sowie die Bereitschaft, für die Dame zu kämpfen oder sie zu beschützen,[16] häufig steht dabei der „Dienstwille des Liebenden"

---

[9] Vgl. Heinzle: Einführung in die mitteldeutsche Dietrichepik, S. 169.
[10] Vgl. Ebd., S. 137.
[11] Vgl. Matthias Mayer: Die Verfügbarkeit der Fiktion. Interpretation und poetologische Untersuchungen zum Artusroman und zur aventiurehaften Dietrichepik des 13. Jahrhunderts (= Germanisch-romanische Monatsschrift, Beiheft 12). Heildeberg 1994, S. 281.
[12] Vgl. Heinzle: Einführung in die mitteldeutsche Dietrichepik, S. 169-171.
[13] Vgl. Brévart: Der Männerverglich im Eckenlied, S. 394-406, S. 312f; Wisniewski: Mittelalterliche Dietrich-Dichtung, S. 245-247.
[14] Vgl. Joachim Heinzle: Art. „Eckenlied". In: in Lexikon des Mittelalters, 10 vols (Stuttgart: Metzler, [1977]-1999), vol. 3, col. 1547, in Brepolis Medieval Encyclopaedias - Lexikon des Mittelalters Online).
[15] Vgl. [o.V.]: „Minne, 2. Literaturgeschichte".
[16] Vgl. Ebd.

im Vordergrund."[17] Zu den essenziellen Bestandteilen des Frauendienstes gehört insbesondere die Interaktion zwischen Aventiure und Minne. Für jeden Ritter ist das Leben durch das Wechselspiel zwischen Abenteuer und hoher Minne geprägt. Aventiure symbolisiert dabei die Herausforderung und Prüfung der Ritterschaft, wobei als Belohnung für die ritterliche Tat der Gewinn an Minne steht.[18] In der spätmittelalterlichen Heldenepik fehlt die Minne als treibende und beflügelnde Kraft, wie sie im höfischen Roman vorkommt. Dietrich von Bern wird zwar bewusst von jeglicher Minnebindung ferngehalten, dennoch zeigt er sich unter bestimmten Umständen bereit, den Frauendienst zu leisten.[19]

3.1 Frauendienst im *Rosengarten zu Worms* – Fassung A

Im *Rosengarten zu Worms* steht die Rolle der Frauen, insbesondere Kriemhild, im Mittelpunkt. Im Gegensatz zu anderen Versionen ist die Handlung von *Rosengarten* A auf Kriemhild als Besitzerin des Gartens in Worms konzentriert, denn es heißt *Sie hett eynen anger mit rosen wol gekleydt* (Ro A 5, 1). Kriemhild weist mehrere Charakteristika einer typischen Aventiuredame auf: Als Besitzerin des Rosengartens fordert sie die Berner durch einen Boten zum Kampf heraus und setzt den Preis für den Sieger fest. Zudem empfängt sie persönlich die Berner vor Worms, verhandelt mit ihnen über eine achttägige Waffenruhe und legt den Beginn der Kämpfe fest.[20] Die Überbringung der Einladung zum Kampf des Berners durch einen Boten ist der erste geleistete Frauendienst im *Rosengarten zu Worms*.

> Hett ich eynen [...] botten», sprach die kunigin, «der do hin gin Bern min bot wolt sin, das er dem Wolffingen die red tet bekant, dem so wolt ich lonnen mit meyner milten hant (Ro A 14,3-15,2).

In dieser Szene zeigt sich eine interessante Dynamik des Frauendienstes. Kriemhild verspricht großzügige Belohnungen an den Boten, der ihre Einladung zum Kampf an Dietrich von Bern überbringen soll. Als Belohnung solle dieser die Herzogin Bersabin als Ehefrau erhalten, wenn diese nicht widerspricht, sowie ein *ryches hertzogtum* (Ro A 19,3) und *silber und golt* (Ro A 19,4). In dieser Hinsicht entspricht dieser Dienst dem traditionellen Frauendienst, bei dem die Minne als Belohnung gilt.[21] Anstatt jedoch selbst die Belohnung zu sein, bemüht sich Kriemhild darum, eine andere hochgestellte Dame als Belohnung anzubieten.[22] Die Beweggründe des Boten, den Frauendienst anzunehmen, lassen sich auch auf das höfische Verständnis von Frauendienst zurückführen, da er aus Liebesdiensten einer hochgestellten Dame heraus handelt.[23]

---

[17] Stephan Hofer: Studien zum höfischen Roman. Die Einzelheiten des Minnemotives im altfrz. höfischen Epos (Schloß). In: Zeitschrift für französische Sprache und Literatur, Bd. 47, H. 5/6 (1925), S. 267-306, S. 299.

[18] Vgl. Kurt Ruh: Von den Anfängen bis zu Hartmann von Aue (= Höfische Epik des deutschen Mittelalters, Bd.1). Berlin² 1977, S.21.

[19] Vgl. Justus Lunzer: Dietrich von Bern im Frauendienst. In: Zeitschriften für deutsches Altertum und deutsche Literatur Bd. 70, H. 4. (1933), S. 257-272, S. 268.

[20] Vgl. Karl Heinz Ihlenburg: Zum „Antihöfischen im Rosengarten A. In: Wolfgang Spiewok (Hg.): Studien zur Literatur des Spätmittelalters (= Deutsche Literatur des Mittelalters 2). Greifswald 1988, S. 46.

[21] Vgl. Ruh: Von den Anfängen bis zu Hartmann von Aue, S.21.

[22] Vgl. Lunzer: Dietrich von Bern im Frauendienst, S. 257.

[23] Vgl. [o.V.]: „Minne, 2. Literaturgeschichte".

Der eigentliche Akt des Frauendienstes manifestiert sich darin, dass Kriemhild bestrebt ist, Siegfried dazu zu bewegen, sich mit Dietrich von Bern zu messen. Dies wird in dem Brief an den Berner ausgedrückt. Die Königin besitzt einen Garten, der mit Rosen bestückt ist und der von einem Mörder und einem Faden umgeben ist, sodass niemand ungestraft eindringen kann. Zwölf Männer von herausragender Fähigkeit, darunter auch ihr Vater König Gebich, werden als Wächter des Gartens genannt, die ihn entlang des Rheins schützen. Es wird gesagt, dass die Recken mit Loyalität die Rosen pflegen sollen und dass zwölf Männer, die den Wächtern ebenbürtig sind, gebracht werden müssen. Die Männer, die den Wächtern gleich sind, sollen in den Garten gelangen (Vgl. Ro A 54-59). Diejenigen, die sie besiegen, erhalten *rosen zu eynem krantz* (Ro A 60,2), *ein helsen und ein kuschen von der jungen kunigin* (Ro A 60,3) und werden vor allen anderen Königen gekrönt (Vgl. Ro A 60,4). Kriemhilds Beweggrund für die Initiierung des Frauendienstes besteht darin, die Stärke ihrer Kämpfer und somit auch ihre eigene Machtposition zu betonen. Durch diese Herausforderung und den damit verbundenen Wettstreit strebt sie danach, ihre eigene Macht und die Stärke ihrer Recken zu demonstrieren.[24] Während Frauendienst im mittelalterlichen Kontext üblicherweise eine Form der ritterlichen Verehrung und Unterstützung einer bestimmten Dame durch einen Ritter war, der ihr in verschiedenen Belangen diente und sich für sie einsetzte, wird der Begriff hier eher im übertragenen Sinne verwendet. In diesem Fall beschreibt er die Handlung von Kriemhild, die Dietrich zu einem Kampf herausfordert, um sich selbst und ihre Macht zu beweisen.[25] Es handelt sich somit eher um eine Machtdemonstration als um traditionellen Frauendienst. Bernreuther betont ebenfalls, dass die Erzählung nicht primär die Werte der höfischen Kultur oder das angemessene Verhalten innerhalb dieser Gesellschaft thematisiert. Stattdessen folgt Kriemhilde einem Muster der Herausforderung, das die Geschichte der böswilligen Kriemhild und ihrer Bestrafung durch die moralisch und physisch überlegenen Berner darlegt.[26]

Eine weitere besondere Facette des Frauendienstes ist die Reaktion Dietrichs von Bern auf die Herausforderung durch Kriemhild, welche bei ihm Verärgerung hervorruft:

«Nymmer dumn amen», sprach her Ditherich,

«wes zihent mich die jung frawen? Sie sint so wonderlich,

das ir keyni nit wil nemen eynen man,

ich enhaben in dann bestanden oder muß aber in noch beston.

Schlecht er mich zu tod oder hawet er mich sunst ser wond,

so kust er sie tugentlichen an iren roten munt,

so hon ich erarnet eynen rosen krantz.» (Ro A 61-62,3).

---

[24] Vgl. Judith Klinger: Krimhilds Rosen. Aushandlung von Gewalt und Geschlecht im „Rosengarten zu Worms". In: Johannes Keller / Hermann Reichert / Florian Kragl (Hgg.): Heldinnen. 10. Pöchlarner Heldenliedgespräch (=Philologica Germanica 31). Wien 2010, S. 71-92., S. 77.

[25] Vgl. Bert Nagel: Staufische Klassik. Deutsche Dichtung um 1200. Heidelberg 1977, S. 473.

[26] Vgl. Marie-Luise Bernreuther: Herausforderungsschema und Frauendienst im „Eckenlied". In: Zeitschriften für deutsches Altertum und deutsche Literatur Bd. 117, H. 3. (1988), S. 173-201, S. 190.

Dietrich, obwohl er es ablehnt, als Maßstab für die ritterliche Heiratsfähigkeit missbraucht zu werden, zieht dennoch mit seinem Gefolge nach Worms, um den Preis von Kuss und Kranz zu erringen (Vgl. Ro A 96). Dabei ist es jedoch nicht die Belohnung oder der Frauendienst, der ihn motiviert, sondern der Zorn über die grundlose Herausforderung zu einem blutigen Unternehmen, das lediglich der Befriedigung der Sensationslust einer Dame dient.[27] Ein weiterer Antrieb für seine Teilnahme besteht darin, sich nicht der Verhöhnung durch Hildebrand auszusetzen.[28]

3.2 Frauendienst im *Eckenlied* – Fassung Fassung E_2

Im *Eckenlied* wird eine interessante Dynamik des Frauendienstes dargestellt. Zum einem der Riese Ecke gegenüber der hochangesehenen Königin sowie der Frauendienst von Dietrich gegenüber Frau Babehilt und dem *wilden vrôwelin* (E_2 172,7) . Die hochangesehene Königin Seburg hegt den Wunsch nach einem hochverehrten Helden und beauftragt daher den Riesen Ecke, diesen lebendig zu ihr zu bringen, indem sie ihn mit erlesener Ausrüstung und dem besten Schwert ausstattet (Vgl. E_2 19-25). In dieser Hinsicht ist Ecke im *Eckenlied* der prägnanteste Repräsentant des Frauendienstes, da er von Königin Seburg entsandt wird, um Dietrich an den Hof zu bringen. Seburg, die beklagt, dass sie Dietrich noch nie gesehen hat und sich deshalb unglücklich fühlt, bewaffnet Ecke *aller best brünne* (E_2 21,3) , um gegen Dietrich in den Kampf zu ziehen und verspricht ihm als Belohnung für seine Dienste *minnen* (E_2 36,10). Jedoch ist anzumerken, dass dieses Minneversprechen vage bleibt und keinen weiteren Einfluss auf die spätere Handlung hat.[29] Er tritt den Frauendienst aus traditionellen Motiven an, um seine Ritterlichkeit zu beweisen.[30] Auch Karin Wieland unterstützt diese These, dass Ecke durch seinen Wunsch nach Erlangung von Männlichkeit motiviert ist. Wieland stellt fest, dass sich das Konzept der Männlichkeit durch Lob von Frauen oder durch das Vergießen von ritterlichem Blut zu Ehren der hohen Dame manifestiert.[31] Im Gegensatz dazu handelt die Königin nicht aus dem Motiv des traditionellen Frauendienstes. Die Handlung konzentriert sich vielmehr auf den Kampf zwischen Dietrich von Bern und dem Riesen Ecke sowie auf die Herausforderung, die von den Königstöchtern ausgeht. Dietrich wird nicht aufgrund eines Frauendienstes herausgefordert, sondern aufgrund der besonderen Stärke des Riesen Ecke (E_2 3).

Durch seine Reaktion auf die Herausforderung der Königin passt auch Dietrich nicht in den traditionellen Frauendienst. Er äußert anfänglich eine deutliche Ablehnung gegenüber dem Kampf, den die Frauen für Ecke fordern. Er weigert sich vehement, den Frauen zu gehorchen, da er nicht wie Ecke den *vrowen zart* (E_2 88,5) sei und er außerdem den Sinn hinter diesem Kamp nicht verstehet.

Ich will dich strites niht bestan:	du hast mit laides niht getan",
also sprach der Bernare,	„dar umbe ich striten will mit dir.

---

[27] Vgl. Justus Lunzer: Dietrich von Bern im Frauendienst. In: Zeitschriften für deutsches Altertum und deutsche Literatur Bd. 70, H. 4. (1933), S. 257-272, S. 257.
[28] Vgl. Lunzer: Dietrich von Bern im Frauendienst, S. 259.
[29] Vgl. Marie-Luise Bernreuther: Herausforderungsschema und Frauendienst, S. 187
[30] Vgl. Ruh: Von den Anfängen bis zu Hartmann von Aue, S.21.
[31] Vgl. Karin Wieland: Worte und Blut. Das männliche Selbst zur Neuzeit. Frankfurt 1998, S. 79.

Den dinen übermut verbir!   ich han sin grosse sware,

das du durch dine vrowen clar erbûtest mir din striten. (E₂ 89,1-89,8).

Er betont, dass er nicht gewillt ist zu kämpfen, um den Frauen zu gefallen, und zeigt ein mangelndes Verständnis für deren Forderung (E₂ 88,1f.).Trotz wiederholter Bitten und Appelle seitens Ecke entscheidet sich Dietrich schließlich doch für den Kampf. Allerdings basiert seine Entscheidung nicht auf der Anerkennung des Frauendienstes, sondern auf der Behauptung, *swie got welle* (E₂ 100,12).Während des Kampfes bleibt Dietrich bei seiner Meinung, dass die Forderung der Frauen lächerlich sei (E₂ 125,8). Nachdem Ecke schwer verwundet und im Sterben lag, rückte die trauernde Gestalt des Dietrich von Bern in den Fokus des Textes. Angesichts seiner Betrübnis beschloss der Berner, nach Jochgrimm zu reisen und die Königinnen aufzusuchen, um ihnen ihre Tat, den Frauendienst, der Ecke in den Kampf getrieben hat, vor Augen zu halten (E2 150). Er begnügte sich nicht mit einem Sieg, sondern betrachtete sich selbst als Verlierer, da er wieder jemanden getötet hat.

Der Frauendienst von Dietrich gegenüber Frau Babehilt und dem *wilden vrôwelin* (E₂ 172,7) geschieht dagegen unter anderen Voraussetzungen: Schwer verwundet wird Dietrich von einer Königin Babehilt gepflegt, bis seine Wunden verheilt sind (Vgl. E₂ 155). Diese Begegnung leitet Dietrichs Abenteuer ein, nachdem Ecke stirbt. Er erkennt seine Dankesverpflichtung gegenüber *vro Babehilt* (Vgl. E₂ 158,4) an, *won du hast mir so wol getan, das ich dir iemer diene, die wile ichs lebe* (E₂ 157,11-157,13). Der Frauendienst gegenüber dem *wilden vrôwelin* (Vgl. E₂ 172,7) erfolgt aus einem ähnlichen Grund: Dietrich zeigt ritterliches Verhalten und hilft der bedrängten Frau aufgrund seiner moralischen und ethischen Motive als Ritter (Vgl. E₂ 162-164,4). Als Vasolt, der Verfolger der Jungfrau, um sein Leben bittet, gewährt Dietrich ihm Vergebung auf Bitte der Jungfrau, die ihn zuvor geheilt hat (Vgl. E₂ 187,1f. ;200,3f). Dieser Akt des Frauendienstes zeigt Dietrichs Wertschätzung für die Fürsorge und Heilung, die er von der Jungfrau erhalten hat, und reflektiert sein Verständnis von Ehre und Ritterlichkeit. Durch seine Taten demonstriert Dietrich seine Bereitschaft, den Schwachen und Bedürftigen beizustehen und Gerechtigkeit walten zu lassen, was als wichtiger Aspekt seines Verständnisses von Frauendienst betrachtet werden kann.

Im *Eckenlied* wird eine kritische Auseinandersetzung mit dem Thema des Frauendienstes deutlich. In der höfischen Literatur stellt der Frauendienst ein zentrales Motiv dar und ist häufig mit den Abenteuern eines Ritters verbunden. Im *Eckenlied* wird Eckes Reise mit seiner Aussendung durch Seburg verknüpft, was seine Absicht, einen Kampf mit Dietrich zu suchen, legitimiert.

> Der Wechsel der Handlungsperspektive, die Einschaltung der drei Königinnen, bringt das Motiv des Frauendienstes in den Text und hindert so Ecke daran, sich von Anfang an bewusst außerhalb des sozialen Rahmens zu stellen.[32]

---

[32] Mayer: Die Verfügbarkeit der Fiktion, S. 194.

Die Verschiebung der Erzählperspektive durch die Einbeziehung der drei Königinnen führt das Motiv des Frauendienstes in den Text ein und verhindert somit, dass Ecke von Anfang an bewusst außerhalb des gesellschaftlichen Rahmens steht. Diese Thematik wird von Kerth kritisch betrachtet, die im *Eckenlied* keine grundsätzliche Ablehnung des Frauendienstes erkennt. Sie kritisiert die Aussendung Eckes durch Königin Seburg, da diese ihrer Meinung nach nichts mit dem traditionellen Frauendienst zu tun hat, wie er in der höfischen Literatur befürwortet wird. Seburg hat kein gerechtfertigtes Anliegen, um ihre Forderung, Dietrich zu sehen, zu begründen.[33] Auch Brévart äußert sich kritisch zum Frauendienst im *Eckenlied* und setzt den Frauendienst mit Mord gleich.[34]

3.3 Frauendienst – ein Vergleich

Eine vergleichende Analyse der Frauendienste *im Rosengarten zu Worms* und im *Eckenlied* offenbart interessante Unterschiede sowie Gemeinsamkeiten in Bezug auf die Motivationen und Handlungen im Bezug des Frauendienstes. In beiden Epen steht die Vorstellung von Ehre und Ansehen in der höfischen Gesellschaft im Vordergrund, die von Frauen initiiert wurden und, die es einem Ritter gebietet, seinem ebenbürtigen Gegner gegenüberzutreten und seine Kampfkraft unter Beweis zu stellen. Diese Vorstellung weist Parallelen zwischen der höfischen Epik und der Dietrichepik auf.[35] Kriemhild aus *dem Rosengarten zu Worms* ähnelt in gewisser Weise der Königin Seburg aus dem *Eckenlied*, beiden Frauen geht es darum die Stärke Dietrichs zu messen (Vgl. E_2 17,5f.).[36] Des Weiteren haben in beiden betrachteten Dietrichdichtungen die Frauen, um die Dietrich kämpfen soll, keine direkte Verbindung zu ihm, denn „öfters gehen die Frauen um derentwillen er schließlich kämpfen muß, den Berner gar nichts an."[37] Sowohl Seburg als auch Kriemhild haben nur von Dietrichs Kampfkraft gehört und wünschen, ihn im Kampf zu erleben. Der Unterschied besteht jedoch darin, dass Kriemhild direkt zum Kampf einlädt (Vgl. Ro A 54-59), während Seburg den Riesen Ecke aussendet (Vgl. E_2 19-25). Beide Frauen sind sich bewusst, dass der Kampf ein ritterliches Duell ist, bei dem nur der Sieg zählt und eine Niederlage den Tod bedeutet. . Eine weitere Gemeinsamkeit in beiden Epen ist, dass weder der Berner noch Ecke aus Liebe heraus handeln. Lediglich der Bote im *Rosegarten* tritt den Dienst an, um einer bestimmten Frau zu gefallen (Ro A 18f.).

Die Reaktionen Dietrichs von Bern in beiden Epen zeigen eine ähnliche Einstellung zum Frauendienst. Im *Rosengarten zu Worms* ärgert sich Dietrich über die Herausforderung und will zunächst nicht in den Kampf ziehen (Vgl. Ro A 61-62,3), genau wie im *Eckenlied.* (Vgl. E_2 89,1-89,8). Jegliche die Motive für den Antritt des Kampfes unterscheiden sich. Im *Rosengarten zu Worms* ist der Zorn Dietrichs Antrieb sowie die Vermeidung der Verspottung durch Hildebrand.[38] Im *Eckenlied* spricht

---

[33] Vgl. Sonja Kerth: Gattungsinterferenzen in der späten Heldendichtung. Wiesbaden 2008, S. 193f.

[34] Vgl. Brévart: won mich hant vrouwan usgesant, S. 279.

[35] Vgl. Paulus B. Wessels: Dietrichepik und Südtiroler Erzählsubstrat. In: Zeitschriften für deutsche Philologie, Bd. 85. (1966), S. 345-369, S. 350.

[36]Vgl. Klinger: Krimhilds Rosen, S. 77.

[37] Lunzer: Dietrich von Bern im Frauendienst, S. 268.

[38] Vgl. Lunzer: Dietrich von Bern im Frauendienst, S. 257, S. 259.

Dietrich von der Lächerlichkeit eines solchen Kampfes und tritt letztendlich nur um Gottes Willen an (Vgl. E₂ 100,12). Der Berner tritt jedoch keinen der Kämpfe im Frauendienst an. Gemäß Lunzer entsprach die traditionelle Annahme, dass Dietrich von Bern wenig Interesse am Frauendienst zeigte, seinem ernsten Charakter. Diese Perspektive wurde von den Dichtern übernommen, die ihn oft widerwillig in Frauendienste einbezogen, um den Zeitgeist und den Erwartungen gerecht zu werden. Dabei betonten sie die seltenen, zögerlichen oder missglückten Aspekte seines Engagements im Vergleich zu anderen Helden seiner Zeit.[39]

Im *Rosengarten zu Worms* handelt es sich nicht um traditionellen Frauendienst im höfischen Sinne. Kriemhilds Herausforderung an Dietrich von Bern zielt darauf ab, die Stärke ihrer Kämpfer und damit ihre eigene Machtposition zu demonstrieren,[40] anstatt traditionelle ritterliche Verehrung darzustellen. Dietrichs Reaktion zeigt seine Verärgerung über die grundlose Herausforderung (Ro A 61-62,3). Die Erzählung thematisiert nicht primär die höfischen Werte, sondern folgt einem Muster der Herausforderung, das die Geschichte der böswilligen Kriemhild und ihrer Bestrafung durch die Berner darstellt.[41] Es ist ein Kampf um Macht und Ehre, der die traditionellen Vorstellungen von Frauendienst übertrifft und die Komplexität der Motivationen und Handlungen der Figuren verdeutlicht.

Im *Eckenlied* zeigt sich der Berner hinsichtlich des Frauendienstes ambivalent: Einerseits äußert er eine deutliche Ablehnung und Zurückhaltung in Bezug auf das weibliche Geschlecht, wie in seinem Gespräch mit Ecke zu erkennen ist (Vgl. E₂ 89,1-89,8). Andererseits zeigt sich der Berner in seinen Begegnungen mit Babehilt und dem *wilden vrôwelin* (E₂ 172,7) äußerst höfisch und respektvoll, was einen scheinbaren Gegensatz zu seiner anfänglichen Abwehrhaltung darstellt. Hier leistet Dietrich tatsächlich einen Frauendienst, indem er sich erkenntlich zeigt für die Dienste, die ihm bereits zuvor von den Frauen erwiesen wurden (Vgl. E₂ 157,11-157,13; E₂ 162-164,4). Im Gegensatz zu Dietrich von Bern steht der Riese Ecke im *Eckenlied*. Ecke tritt in den Frauendienst ein, um allein die Idee des Frauendienstes zu erfüllen und sich in der höfischen Welt zu beweisen.[42]

> Es wais noch nieman, wer ich bin:
> Wan mus och mich erkennen (E₂ 14,5f.)

Demnach verkörpert der Riese Ecke in seiner Entschlossenheit, in den Kampf zu ziehen, um seine Ritterlichkeit zu beweisen, sowie in der Aussicht auf Belohnung durch *minnen* (E₂ 36,10) das traditionelle Konzept des Frauendienstes in seiner klassischsten Form.[43] Seine Motivation und Handlungen reflektieren somit die ideale Vorstellung des ritterlichen Dienstes gegenüber einer Dame, wie sie in der mittelalterlichen Literatur vermittelt wird.

---

[39] Vgl. Lunzer: Dietrich von Bern im Frauendienst, S. 267.
[40] Vgl. Klinger: Krimhilds Rosen, S. 78.
[41] Vgl. Vgl. Bernreuther: Herausforderungsschema und Frauendienst, S. 190.
[42] Vgl. Markus Greulich: zagheit dich fliehen leret. Zur Konstruktion und Funktion von Dietrichs zagheit im Eckenlied (E2). In: Études Medievales 6 (2004), S. 66-75, S. 68.
[43] Vgl. Ruh: Von den Anfängen bis zu Hartmann von Aue, S.21.

4. Fazit

Im *Rosengarten zu Worms* steht Kriemhild im Mittelpunkt, die Dietrich von Bern durch einen Boten zum Kampf herausfordert und als Belohnung dem Boten eine hochgestellte Dame sowie Macht und Reichtum anbietet (Vgl. Ro A 19,3f.). Diese Handlung verdeutlicht eine Machtdemonstration, bei der Kriemhild ihre eigene Macht und die Stärke ihrer Recken betonen möchte.[44] Die Reaktion Dietrichs auf diese Herausforderung zeigt anfängliche Verärgerung, bevor er aus Zorn dem Kampf zustimmt.[45] Die Darstellung des Frauendienstes im *Rosengarten zu Worms* weist eine Abweichung von den konventionellen Vorstellungen auf. Der Bote wird von Kriemhild mit einer anderen Dame belohnt, jedoch lassen sich die Motive des Boten, den Frauendienst anzunehmen, eher den klassischen Vorstellungen zuordnen (Vgl. Ro A 19,3f.). Kriemhilds Motive, Dietrich von Bern zum Frauendienst herauszufordern, entsprechen nicht diesen traditionellen Konventionen. Ebenso handelt der Berner nicht aus einem intrinsischen Motiv heraus, den Frauendienst zu erfüllen. Folglich weist der Rosengarten nur eine geringe Anzahl von Motiven des Frauendienstes auf, und seine Handlung erschließt sich nur schwerlich in diesem Zusammenhang.[46]

Das *Eckenlied* zeigt verschiedene Facetten des Frauendienstes. Einerseits manifestiert sich dieser in der Gestalt des Riesen Ecke, der sich dem Dienst der Königin verschrieben hat, um seine soziale Positionierung innerhalb der höfischen Gesellschaft zu festigen und sein persönliches Renommee zu steigern (Vgl. E2 14,5f.). Andererseits vollzieht sich der Frauendienst in Dietrich von Berns Interaktionen mit Königin Babehilt und dem *wilden vrôwelin* (E2 172,7) unter gänzlich anderen Prämissen. Die Fürsorge, die Dietrich von Babehilt erfährt, indem sie ihn gesund pflegt, führt zu einer Verpflichtung seitens Dietrichs, ihr bis zu seinem Lebensende zu dienen (Vgl. E2 157,11-157,13), als Ausdruck seiner tief empfundenen Dankbarkeit. Ebenso tritt er in den Frauendienst des *wilden vrôwelin* (E2 172,7) aus ethischer und moralischer Motivation (Vgl. E2 162-164,4). Er erhofft sich von beiden Frauen keine Belohnung. Im Kontrast dazu nimmt Dietrich zunächst eine ablehnende Haltung gegenüber dem Kampf gegen den Riesen ein, dem er letztlich jedoch nur aus dem Glauben an den göttlichen Willen heraus zustimmt (Vgl. E2 100,12), obwohl er es als lächerlich empfindet, dass Ecke ausschließlich in den Diensten des Frauendienstes kämpft (Vgl. E2 89,1-89,8).

Trotz dieser Unterschiede im Sinne des traditionellen Frauendienstes weisen beide Werke Parallelen zur höfischen Gesellschaft auf, in der Ehre und Ansehen eine bedeutende Rolle spielen. In beiden Werken steht die Vorstellung von Ehre und Ansehen im Vordergrund, die von Frauen infiziert wurden und, die es einem Ritter gebietet, seinem ebenbürtigen Gegner gegenüberzutreten und seine Kampfkraft unter Beweis zu stellen (Vgl. Ro A 4; E2 17). Jedoch zeigen die Motivationen und Reaktionen der Figuren unterschiedliche Formen des Frauendienstes. Insgesamt verdeutlicht die Analyse, dass der Frauendienst in beiden Werken präsent ist, jedoch unterschiedlich interpretiert wird.

---

[44] Vgl. Klinger: Krimhilds Rosen, S. 77.
[45] Vgl. Lunzer: Dietrich von Bern im Frauendienst, S. 257.
[46] Vgl. Vgl. Marie-Luise Bernreuther: Herausforderungsschema und Frauendienst, S. 190.

Während im *Rosengarten* der Frauendienst als Mittel der Machtdemonstration und Rivalität dargestellt wird, steht im *Eckenlied* die Erfüllung einer Aufgabe in den Diensten einer hochgestellten Person im Vordergrund, was von dem Berner als lächerlich aufgenommen wird. Die Ambivalenzen, die sich während der Analyse ergeben, verdeutlichen die Komplexität des Themas und unterstreichen die Uneinigkeit innerhalb der Forschungsgemeinschaft. Angesichts dieser Diskrepanzen ist es offensichtlich, dass das Thema noch weitere umfassende Untersuchungen erfordert, um eine fundierte und einheitliche Einschätzung zu ermöglichen.

5. Literaturverzeichnis

5.1 Primärliteratur

Brévart, Francis B. (Hg. und Übers.): Das Eckenlied : mittelhochdeutsch / neuhochdeutsch. Stuttgart 1986.

Lienert, Elisabeth / Kerth, Sonja / Nierentz, Svenja (Hgg.): Rosengarten. Teilband I: Einleitung, „Rosengarten" A (=Texte und Studien zur mitteldeutschen Heldenepik 8). Berlin 2015.

5.2 Sekundärliteratur

Bernreuther, Marie-Luise: Herausforderungsschema und Frauendienst im „Eckenlied". In: Zeitschriften für deutsches Altertum und deutsche Literatur Bd. 117, H. 3. (1988), S. 173-201.

Brévart, Francis B.: Der Männerverglich im Eckenlied. In: Zeitschriften für deutsche Philologie, Bd. 103. (1984), S. 394-406.

Brévart, Francis B.: won mich hant vrouwan usgesant. Des Helden Ausfahrt im Eckenlied. In: Archiv 220 (1983), S. 268-284.

Boor, Helmut de: Die deutsche Literatur im späten Mittelalter. Teil I: 1250-1350. In: Helmut de Boor / Richard Newald (Hgg.): Geschichte der deutschen Literatur von den Anfängen bis zur Gegenwart, Bd. 3. München[4] 1973.

Greulich, Markus: zagheit dich fliehen leret. Zur Konstruktion und Funktion von Dietrichs zagheit im Eckenlied (E2). In: Études Medievales 6 (2004), S. 66-75.

Hofer, Stephan: Studien zum höfischen Roman. Die Einzelhelten des Minnemotives im altfrz. höfischen Epos (Schloß). In: Zeitschrift für französische Sprache und Literatur, Bd. 47, H. 5/6. (1925), S. 267-306.

Heinzle, Joachim: Einführung in die mitteldeutsche Dietrichepik. Berlin / New York 1999.

Heinzle, Joachim: Art. „Eckenlied". In: in Lexikon des Mittelalters, 10 vols (Stuttgart [1977]-1999), vol. 3, col. 1547, in Brepolis Medieval Encyclopaedias - Lexikon des Mittelalters Online).

Ihlenburg, Karl Heinz: Zum „Antihöfischen im Rosengarten A. In: Wolfgang Spiewok (Hg.): Studien zur Literatur des Spätmittelalters (=Deutsche Literatur des Mittelalters 2). Greifswald 1988.

Kerth, Sonja: Gattungsinterferenzen in der späten Heldendichtung. Wiesbaden 2008.

Klinger, Judith: Krimhilds Rosen. Aushandlung von Gewalt und Geschlecht im „Rosengarten zu Worms". In: Johannes Keller / Hermann Reichert / Florian Kragl (Hgg.): Heldinnen. 10. Pöchlarner Heldenliedgespräch (=Philologica Germanica 31). Wien 2010, S. 71-92.

Lunzer, Justus: Dietrich von Bern im Frauendienst. In: Zeitschriften für deutsches Altertum und deutsche Literatur Bd. 70, H. 4. (1933), S. 257-272.

Mayer, Matthias: Die Verfügbarkeit der Fiktion. Interpretation und poetologische Untersuchungen zum Artusroman und zur aventiurehaften Dietrichepik des 13. Jahrhunderts (= Germanisch-romanische Monatsschrift , Beiheft 12). Heidelberg 1994.

Nagel, Bert: Staufische Klassik. Deutsche Dichtung um 1200. Heidelberg 1977, S. 473.

Ruh, Kurt: Von den Anfängen bis zu Hartmann von Aue (= Höfische Epik des deutschen Mittelalters 1). Berlin[2] 1977.

Wessels, Paulus B.: Dietrichepik und Südtiroler Erzählsubstrat. In: Zeitschriften für deutsche Philologie, Bd. 85. (1966), S. 345-369.

Wieland, Karin: Worte und Blut. Das männliche Selbst zur Neuzeit. Frankfurt 1998.

Wisniewski, Roswitha: Mittelalterliche Dietrich-Dichtung. Stuttgart 1986

[o.V.]: Art. „Minne, 2. Literaturgeschichte". In: Lexikon des Mittelalters, 10 vols (Stuttgart [1977]-1999), vol. 6, cols 640-641, in Brepolis Medieval Encyclopaedias - Lexikon des Mittelalters Online).